Paul Johann Anselm von Feuerbach

Philosophisch-juridische Untersuchung über das Verbrechen des Hochverraths

Paul Johann Anselm von Feuerbach

Philosophisch-juridische Untersuchung über das Verbrechen des Hochverraths

ISBN/EAN: 9783744691307

Hergestellt in Europa, USA, Kanada, Australien, Japan

Cover: Foto ©Suzi / pixelio.de

Weitere Bücher finden Sie auf **www.hansebooks.com**

Philosophisch-juridische

Untersuchung

über

das Verbrechen des Hochverraths.

Von

D. Paul Joh. Anselm Feuerbach.

Erfurt,
in der Henningsschen Buchhandlung
1798.

Dem

Hochedeln und Hochweisen

Magistrate

der

freien Reichsstadt Frankfurt

am Main,

Klopstock.

— — Ich liebe dich mein Vaterland!
Früh hab' ich dir mich geweiht! Schon da
           mein Herz
   Den ersten Schlag der Ehrbegierde
      schlug; —
Allein ich sah die höhre Bahn,
  Und, entflammt von mehr, denn nur Ehr-
      begier,
Zog ich weit sie vor. Sie führet hinauf
  Zu dem Vaterlande des Menschenge-
      schlechts.

Väter meines Vaterlandes!

Die Stadt, welche durch Ihre Weisheit glücklich ist — die ist mein Vaterland. Die ersten Tage meines Lebens, habe ich in ihr verlebt; die schönsten Freuden meines Daseyns, habe ich in ihr genossen; die ersten Keime meiner geringen Kräfte haben sich in ihr, unter Ihrem wohlthätigen Schutz und durch Ihre weise Pflege entfaltet. — Das Glück wird mir wohl nicht zu Theil werden, in dem Schoos des Vaterlandes von den Bedrückungen des Schicksals auszuruhen nnd durch thätiges Mitwürken zu dem steigenden Wohl eines durch ruhige Freiheit beglückten Staats, die Regungen meines dankbaren Herzens zu beweisen. Darum überreiche ich Ihnen, Väter meines Vaterlandes! diese geringe Frucht meiner Kräfte. Sie sey Ihnen das

Denkmal der Liebe eines Sohnes! sey Ihnen ein geringer Beweis seiner Dankbarkeit, die er Ihnen durch nichts, als nur durch dies zu bezeugen vermag.

Möge doch stets die Ergebenheit Ihrer Bürger Ihre weisen Bemühungen belohnen! möge Frankfurt noch Jahrhunderte lang als Muster eines beglückten Staats und einer weisen Regierung glänzen!

Erlauben Sie, daß ich mich nennen darf

Ihren

gehorsamsten.

Der Verfasser.

Vorrede.

Man würde diesen Versuch, die Frucht einiger Nebenstunden, sehr unrecht beurtheilen, wenn man in ihm ein vollständiges System über diesen höchst wichtigen, aber bei weiten noch nicht genug bearbeiteten Gegenstand des peinlichen Rechts erwarten wollte. Er hat weiter nichts zu seiner Absicht, als den bisher sehr vernachläßigten Begriff von Hochverrath genauer zu bestimmen und die ersten Linien zu einem bessern System von diesem Verbrechen zu bezeichnen. Ob mir dieser Versuch gelungen sey, muß ich meinen Kunstrichtern zu beurtheilen überlassen. Daß aber der Weg, auf dem ich meine Absicht zu erreichen suchte, der richtige sey und ich wegen eines bescheidnen Gebrauchs philosophischer Grundsätze nicht zu erröthen brauche, davon bin ich vollkommen überzeugt; und jeder humane Rechtsgelehrte wird es mit mir seyn. Quid ab iis speres? qui quamquam recordantur, quod absque instrumento necessario nullum opus perfici queat, quod absque philosophiae janua ad superiores facultates non pateat aditus, quodque propriam absque pudore profiteantur turpitudinem. Qui enim quodcunque thema non philosophice exponit, ille nequaquam putandus est theologice, juridice, medice rem exponere sed quidquid agit, agit 'ἀφιλοσοφως h. e. si Lexica evolvas stulte atque insipide. So spricht Christian Thomasius. *) Und so wird ein jeder sprechen, der nicht durch Verachtung der Philosophie sein Unvermögen zu philosophiren verbergen will. Denn gewiß gehören die meisten Verächter der Philosophie zu der zweideutigen Gelehrtenclasse, von denen mein Baco spricht: sunt qui quidquid sub captum eorum

---

*) in praef. ad Strauch Disstt. ad Jus Justin.

non cadit, spernere aut parui pendere prae se ferunt, tanquam impertinens et curiosum; sicque inscitiam suam pro judicio limato obtendunt.

So sehr wir aber des wohlthätigen Beistandes der Philosophie bei allen positiven Wissenschaften, und nicht weniger bei der positiven Rechtswissenschaft bedürfen; so hat sie doch ihre scharf bestimmten Grenzen, die sie bei der Ausbildung der positiven Wissenschaften schlechterdings nicht überschreiten darf, wenn ihre Wohlthaten nicht Uebelthaten werden sollen. Sie kann die positive Jurisprudenz nur auf klären, darf sie aber nicht beherrschen; sie ist nicht Gebietherin der Themis, sondern eine Magd, die ihr mit ihrer Fackel leuchtet. Diese Grenzen habe ich genau beobachtet (so sehr mich auch deswegen die Philosophen selbst belachen oder bemitleiden mögen); und glaube es durch die That bewiesen zu haben, daß man mit Freiheit philosophiren könne, ohne darum den Rechten der positiven Jurisprudenz zu nahe zu treten.

Der erste und zweite Abschnitt machen den eigentlichen Gegenstand dieser Schrift aus; der dritte ist blos als Zugabe und als geringe Probe meiner Behandlung der Rechtsgeschichte zu betrachten. Sollte übrigens das juristische Publikum vorliegende Kleinigkeit eben so gütig aufnehmen, als das philosophische Publikum meine philosophischen Versuche aufgenommen hat, so würde mich dies ermuntern, nicht blos den Hochverrath weitläufiger zu bearbeiten, sondern mich auch an andere, umfassendere Gegenstände zu wagen. — Jena am Neujahrstage 1798.

Der Verfasser.

Erster Abschnitt.

Bestimmung des Begriffs

Hochverrath.

Montesquieou a) sagt: nichts sey gefährlicher für einen Staat als wenn die Majestätsverbrechen unbestimmt seyen. Ich glaube diese Behauptung bestätigt sich durch Vernunft und durch Erfahrung. Was vermag nicht der Regent, der das Privilegium hat, alles zu bestrafen? der, weil niemahls die Grenze des Verbrechens und seiner strafenden Gewalt ihm zeigen kann, jedes Wort, das gegen ihn oder seinen

---
a) im Esprit des Loix.

Despotismus gesprochen wird, jeden Laut der Menschheit nnd des Rechts, mit dem furchtbaren Namen Hochverrath und Majestätsverbrechen bezeichnen darf? Man kann ihn dann keiner Ungerechtigkeit zeihen, wenn er auch, wie es einst einem Kaiser von China beliebte seinen Hofzeitungsschreiber für einen Hochverräther erklärt, weil er in der Hofzeitung in einem gleichgültigen Datum geirret hat; wenn er, als ein treuer Nachfolger des Dionysius, einen Bürger der von seinem Morde geträumet hat b), oder, als wahrer Bruder einer Dohomischen Majestät, den der ihn schlafen, essen oder ein anderes menschliches Geschäft verrichten zu sehen, so verwegen war, für einen Beleidiger seiner irrdischen Gottheit und für den strafbarsten Hochverräther erklärt.

Allein so wichtig die scharfe Bestimmung dieses Verbrechens ist, so schwer ist sie. Das Wort: Hochverrath ist so oft und so straf-

b) Plutarch vita Dionys.

bar entweiht, so willkührlich bestimmt und
in der Praxis oft so weit ausgedehnt worden, daß es von nicht geringer Schwierig-
keit seyn muß, dieses Wort auf seinen
wahren Sinn zurückzuführen und uns dadurch einen Leitfaden für die Bestimmung
der einzelnen, unter dem Verbrechen überhaupt enthaltenen Fälle, zu erwerben.
Auch die Gesetze verlassen uns hier. Diese
sagen entweder gar nicht, was sie unter diesem Verbrechen verstehen c), oder sie zäh-
len nur einzelne Fälle auf d) oder sie geben
uns einen Begriff, der selbst erst durch
höhere Principien bestimmt werden muß e).
Es bleibt uns daher nichts übrig, als uns
der Philosophie in die Arme zu werfen

c) Die Halsgerichts Ordn. art. 124. „Welcher mit boshaftiger Verrätherey mißhan-
delt ꝛc."

d) Wie die Verordnung des C. ad L. Jul.
maj. und die G. B. Cap. XXIII.

e) Ich meyne die Bestimmung im L. II. D.
ad L. Jul. maj. qui perduellionis reus
est, hostili animo adversus rempublicam
vel principem animatus.

und von ihr ein wohlthätiges Licht zu erflehen.

Es könnte zwar bei allem dem scheinen, als wenn wir ihrer Hülfe nicht bedürften und es, wenn auch nicht eben so bequem, doch gewiß dem positiven Juristen anständiger sey, den Weg der Gesetze nicht zu verlassen und aus den einzelnen in den Gesetzen bestimmten Fällen, einen allgemeinen Begriff zu bilden. Allein ohne in Erwägung zu bringen, daß dieses Auskunftsmittel mit nicht geringen Schwierigkeiten verknüpft seyn würde, und ohne zu untersuchen: ob und in wie weit ein solches Verfahren überhaupt zu empfehlen sey, — frage ich nur: wie diese Abstraktionsmethode in dem gegenwärtigen Falle möglich sey? Die Hauptgesetze für das gegenwärtige Verbrechen sind ohnstreitig die römischen, die Titel der Pandekten und des Codex ad L. Jul. maj. — Allein es ist bekannt, daß diese Lex Jul. majestatis sowohl gegen das eigentliche crimen perduellionis als das crimen laesae majestatis in spec. gerichtet ist und daher die Rechtsgelehrten, welche über dieses Gesetz commentirten die einzelnen Fälle, welche unter dem Begriff von crimen majestatis in genere enthalten sind, bestimmt haben, ohne weiter auf den besondern Unterschied von Fällen des Hochverraths und des eigentlichen Majestätsverbrechens Rücksicht zu nehmen. Daher sind denn auch in den Pandekten die Fälle des Hochverraths von den einzelnen Fällen des letztern Verbrechens gar nicht abgesondert, sondern ganz willkührlich durch einander gemischt. Wo ist also hier der Leitfaden durch welchen wir die verschiedenartigen, untereinandergemischten Verbrechen, absondern könnten, um alsdenn die gemeinschaftlichen Merkmale zur Bildung des Begriffs vom Hochverrath abzusondern? In den Fällen selbst wohl nicht; auch nicht in dem schwankenden Begriff, den uns die Gesetze aufstellen. — Philosophie bleibt also hier unsere einzige Retterin und ihr wird um so weniger auf Kosten der Rechtsgelahrtheit ein Opfer gebracht, je mehr uns die Gesetze selbst die Erlaubnis ertheilen müssen, uns ihrer Hülfe zu bedienen.

Wenn wir nun das Verbrechen des Hochverraths gehörig bestimmen wollen, so müssen wir vor allen Dingen den schon bemerkten Unterschied zwischen Hochverrath und Verbrechen der beleidigten Majestät im eigentlichen Verstande, nicht aus den Blicken verlieren. Beide Arten laufen zwar in dem Gattungsbegriff Majestätsverbrechen, crimen majestatis zusammen, sind aber sowohl in der Art der Bestrafung, als des Gegenstandes von einander unterschieden. Das Verbrechen der bel. Maj. besteht in einer dem Oberhaupte des Staats zugefügten Injurie, und kann durch alle Handlungen durch welche eine Injurie begangen wird, verübt werden, durch Schmähungen, oder durch reelle Verletzungen, durch positive oder durch negative

Beleidigungen, wie z. B. durch Anmaßung der dem Regenten zustehenden Regalien, durch Anlegung von Gefängnissen f) durch ungeheisene Anwerbung von Armeen g), durch Anmaßung des Münzregals h), u. s. w. Der Hochverrath aber trifft nicht blos die Ehre des Regenten, sondern die Existens des Staats; der Hochverräther ist nicht blos Beleidiger, sondern **Feind.** i) Plane non quisque Legis Juliae majestatis reus est, in eadem conditione est; sed qui perduellionis reus est, hostili animo adversus remp. vel principem animatus. k) — Eben so unterschieden sind sie in der Art ihrer Bestrafung. Bei dem

f) L. un. C. de priv. carc.

g) L. 3. D. ad L. Jul. Maj.

h) L. 2. C. de falsa moneta.

i) Dies giebt schon das Wort. Perduellis war nemlich in den ältern Zeiten gleichbedeutend mit hostis, so wie duellum mit bellum. S. Varro de L. L. IV. 1. Festus voc. hostis.

j) L. fin. D. ad L. Jul. M.

Verbrechen der bel. M. werden die Güter des Verbrechers nicht confiscirt l); bei dem Hochverrath fällt das Vermögen ipso jure dem Fiscus anheim m); der Hochverräther wird unbedingt nach den römischen Gesetzen mit dem Schwerd n) nach der Caroline mit dem Viertheilen bestraft; der Verbrecher der bel. M. bald mit Landesverweisung o), bald mit dem Schwerd, bald mit einer geringern Strafe belegt; das Andenken des Hochverräthers wird verflucht und seine Kinder verfolgt Armuth und unauslöschliche Schande, p) keine dieser Strafen verfolgt den Verbrecher der beleidigten Majestät.

l) L. fin. C. ad. L. Jul. m.

m) L. cit. L. 6. C. ad L. J. m. —. Daher ist auch hier von der allgemeinen Regel, daß nur dann eine Geldstrafe auf die Erben geht, wenn sie noch bei Lebzeiten des Verbrechers dictirt worden, eine Ausnahme zu machen.

n) L. 5. §. 1. C. ad L. J. m.

o) L. 29. D. de poenis.

p) L. 5. §. 1. C. ad L. J. m.

Das Verbrechen des Hochverraths ist daher weit größer und strafbarer als das Verbrechen der beleidigten Majestät; ja es wird von allen Gesetzen aller Völker für die verabscheuungswürdigste That und das strafbarste unter allen Verbrechen eines Bürgers erklärt. Alle Gesetzgeber bestrafen es mit den härtesten Ahndungen und geben durch die furchtbarsten Drohungen ihren Abscheu dafür zu erkennen. Die königlichen Gesetze der Franzosen und der Engländer, verdammen den Hochverräther zu dem schmählichsten Tode; die Gesetze der Perser q) und Macedonier bestraften ihn und alle seine Anverwandten mit dem Tod, um ihm seinen Tod desto empfindlicher zu machen, r) und wie blutig ist nicht das Gesetz des Arkadius und Honorius, wenn es den Kindern des Verbrechers ihre Strafe verkündigt! Filii

---

q) Justin. X. C. 2. — Ammian Marcellin, L. XXIII. C. 6.

r) Quo tristiores perirent. Curtius Lib. 8 C. 8.

vero ejus, quibus vitam imperatoria specialiter lenitate concedimus (paterno enim deberent perire supplicio, in quibus paterni, hoc est hereditarii criminis exempla metuuntur) a materna, vel avita omnium etiam proximorum hereditate ac successione habeantur alieni, testamentis extraneorum nil capiant, sint perpetuo egentes et pauperes, infamia eos paterna semper comitetur, ad nullos prorsus honores, ad nulla sacramenta perveniant: sint postremo tales, ut his perpetua egestate sordentibus, sit et mors solatium et vita supplicium. —

An diesem Merkmale des Hochverraths, daß er das schwerste Verbrechen eines Staatsbürgers ist, — ein Merkmal, welches unser Gefühl und die Gesetze demselben unwidersprechlich beilegen, haben wir nun einen schicklichen Leitfaden für unsre

Unterſuchung. Wir dürfen nemlich nur unterſuchen, welches Verbrechen wohl das größte eines Bürgers ſey und wir können dann hoffen den richtigen Begriff vom Hochverrath glüklich aufzufinden.

Es kann hier nicht von der Größe des Verbrechens, welche durch die Qualität s) d. h. durch die ſubjektiven Gründe der Exiſtenz des Verbrechens, nemlich die Moralität der Handlung, beſtimmt wird, die Rede ſeyn; ſondern von derjenigen, welche durch die Handlung ſelbſt, die Quantität der That beſtimmt wird. Da zeigt ſich denn aber ſogleich, daß in einem Staat der größere oder geringere Grad eines Verbrechens und deſſen Strafbarkeit nach der Größe der Verletzung, welche das

---

s) Ich bediene mich dieſer Terminologie, welche meiner Meinung nach dem Begriff ſehr angemeſſen iſt, nach S o d e n, der ſich derſelben in ſ. Geiſt der peinlichen Geſetze Deutſchlands zuerſt bedient hat.

durch, in abstracto, 1) dem Staate zugefügt und des Rechts, welches dadurch verletzt wird, zu ermessen sey. — Alle Verbrechen zwar enthalten nothwendig eine Verletzung des Staats in sich und arbeiten auf die Zerstörung desselben hin: nicht blos darum, weil durch die verbrecherische That ein Gesetz übertreten und dadurch sowohl das Gesetz insultirt, als auch ein böses Beispiel zur Nachahmung gegeben wird, sondern auch weil die Wirkung der verbrecherischen That selbst, ohne auf etwas anderes Rücksicht zu nehmen, mit der Existenz der bürgerlichen Gesellschaft immer im Widerspruche steht. Daher wird auch ein jeder Verbrecher durch seine That Beleidiger der bürgerlichen Gesellschaft und schließt sich durch seine Handlungen von den Wohlthaten ihres Schutzes aus.

1) d. h. nach der Idee von dem Verbrechen überhaupt. Z. B. Mord im allgemeinen ist dem Staat höchst gefährlich; ein besonderer Mord an dieser oder jener Person kann ihm höchst nützlich seyn.

Gleichwohl sind die Verbrechen durch den größern oder geringern Grad ihrer Tendenz auf die Zerstörung des Staats unterschieden und es giebt Grade ihrer äußern Größe, so wie es Grade ihrer innern Strafbarkeit giebt.

Die erste Abstufung giebt uns der Unterschied zwischen Staats- und Privatverbrechen. Dieses sind solche, bei welchen Privatpersonen und deren Rechte den Gegenstand des Verbrechens ausmachen. Sie treffen daher den Staat selbst nicht unmittelbar, sondern beleidigen ihn nur in so ferne, als er die Rechte der Einzelnen zu schützen übernommen hat, und wenn diese Handlungen, nebst ihren Wirkungen gemein werden sollten, der Staat selbst und dessen Zweck aufgehoben würde. Allein auch diese Verbrechen sind doch wieder dem Grade nach unterschieden, je nachdem die Rechte welche sie verletzen, wichtiger oder unwichtiger, und die Handlungen dem Staate schädlicher oder unschädlicher sind. Die unterste Stufe nehmen daher die Verletzungen der Ehre ein, auf sie folgen die Verletzungen des Eigenthums; über diesen stehen die Verletzungen des Körpers; die höchsten sind die Verbrechen gegen das Leben. — Die Staatsverbrechen bestehen in solchen Handlungen, bei denen der Staat selbst der unmittelbare Gegenstand der Beleidigung ist. Daß diese schwerer als Privatverbrechen sind, ist wohl leicht zu begreifen. Denn der Staat ist eine nothwendige Bedingung des rechtlichen Zustandes und des Schutzes aller Rechte der gesammten Bürger. Die Rechte des gesammten Staats, durch welchen die Ausübung der Rechte aller Einzelnen möglich wird, sind daher viel heiliger und ihre Verletzung weit strafbarer, als die Beleidigung, welche blos die Rechte der Privatpersonen zum Gegenstande hat. u)

u) Daher bestimmt auch Kleinschrod die Staatsverbrechen durch solche Handlungen, wodurch alle natürliche Rechte aller Menschen in Schaden und

Allein auch aus dem Grunde sind sie größer, weil sie in seiner unmittelbaren Beziehung auf die Existenz des Staats stehen, und ihrem Begriff und Wesen nach, nicht blos eine entfernte und mittelbare, sondern die nächste und unmittelbare Ursache von der Zernichtung der bürgerlichen Gesellschaft sind. x) In utnovis genere ea injustitia eminet quae communem ordinem perturbat ac proinde plurimis nocet: sequitur ea quae singulos tangit. Maxima hic est quae vitam: proxima quae familiam, cujus fun-

---

Gefahr gesetzt werden. Grundbegriffe des p. Rechts. Thl. III. §. 133.

x) Allein diese hier nur flüchtig angedeutete Ideen über das Princip der peinlichen Gesetzgebung, sollen in einem besondern Werk: **Grundsätze des allgemeinen und positiven Criminalrechts**, weiter ausgeführt und bewiesen werden. Man sehe indeß hierüber Gmelin Grundf. der Gesetzg. und Kleinschrod peinl. Recht. Theil I.

damentum est matrimonium: postrema quae res singulas expetibiles spectat, sive directe subtrahendo, sive dolo malo causam dando damni. y)

Allein auch diese Staatsverbrechen haben dieselbigen Grade, wie die Beleidigungen, welche gegen Privatpersonen gerichtet sind. Zu der niedrigsten Stufe gehören die, welche den Staat und dessen Repräsentanten, den Oberherrn, nur als Privatpersonen betreffen. Hierhin gehören die Verletzungen des Eigenthums des Staats und des Regenten, crimen termini publici moti, crimen de residuis, peculatus etc. nicht weniger die Verbrechen, welche die besondern Contrakte mit dem Regenten verletzen, wie das crimen repetundarum und ambitus u. s. w.

y) Grotius de J. B. et P. Lib. II. C. 20. §. 30.

Auf diese folgen diejenigen Verbrechen, welche den Staat als Staat, den Regenten als Regenten betreffen und daher nicht anders als eine Verletzung der Grundverträge der bürgerlichen Gesellschaft selbst betrachtet werden können. Diese Verletzung der Grundverträge ist aber auf eine zwiefache Weise vorhanden, einmal dadurch, daß ein Bürger ihnen unmittelbar zuwider handelt, ohne sie doch selbst aufheben zu wollen. Und dann, wenn ein Bürger ihnen nicht blos entgegenhandelt, sondern die Aufhebung derselben zum Gegenstande seines Verbrechens macht. Jenes findet statt bei dem Verbrechen der beleidigten Majestät, bei der vis publica et privata, bei Empörungen und Aufläufen gegen die rechtmäßige Obrigkeit, in so ferne sie nicht Aufhebung der Grundverträge beabsichtigen 2c. So groß auch diese Verbrechen sind und so nahe sie an das Absolutum der Verbrechen eines Bürgers grenzen, so sind sie doch nicht dieses Absolutum selbst. Dieses kann nur bei dem Verbrechen angetroffen werden, welches die Aufhebung des Staats selbst, entweder als eines Staats überhaupt, oder als eines besondern Staats zu seinem Gegenstande hat, eine Eigenschaft, die wir bei keiner That, welche unter dieser Art von Verbrechen enthalten ist, antreffen. Denn selbst der revoltirende Bürger, in so ferne er dieses ist, erhebt sich nur gegen einen besondern Akt der Regierung, ohne die Regierung und die Existenz des Staats selbst anzugreifen. Er ist Beleidiger, aber doch nicht Mörder des Staats; er ist ihm untreu ohne ihn zerstören zu wollen. Vollkommen aber finden wir diese Eigenschaft in der letztern Art, der gegen die Grundverträge gerichteten Verbrechen. Denn der Staat besteht als Staat überhaupt und als besonderer Staat nur durch seine Grundverträge und hört auf als solcher zu existiren, wenn diese Grundverträge aufgehoben sind. Ueber diesem Verbrechen kann es also kein höheres geben. Denn so wie der Mord einer Privatperson das größte Verbrechen ist, so muß der Mord der an dem ganzen Staat begangen wird, das größte Staatsverbrechen, mithin das Abſolutum aller ſtrafbaren Handlungen eines Bürgers ſeyn. Dies Verbrechen iſt alſo der Hochverrath; dies der geſuchte Gegenſtand, der den weſentlichen Inhalt deſſelben ausmacht. z)

Hochverrath wäre alſo das Verbrechen, welches die **Aufhebung der Grundverträge des bürgerlichen Vereins zu ſeinem Gegenſtande hat.** Weil aber die Aufhebung der Grundverträge der bürgerlichen Geſellſchaft nicht anders als durch Aufhebung der Beſtimmungen gedacht werden kann, welche

---

z) Servin in ſeinem Buch: de la Legislation criminelle Liv. I. Ch. 2. theilt das Verbrechen der beleidigten Majeſtät in 4 beſondere Verbrechen ab, in Zuſammenverſchwörung, Conſpiration gegen das Leben des Regenten, Verrätherei und Rebellion. Daß dieſe Eintheilung die Probe nicht aushalte, fällt wohl gleich in die Augen.

durch dieselben begründet sind, so könnten wir den Gegenstand dieses Verbrechens genauer und vollständiger so bestimmen: daß er in einer Aufhebung der durch die bürgerlichen Grundverträge begründeten Bestimmungen a) (des Gesellschaft) bestehe.

Ehe ich weiter gehe und dem Begriff des Hochverraths durch Bestimmung seines Subjekts und andere positivrechtliche Merkmale seine gehörige Vollständigkeit, und Brauchbarkeit für das positive Recht ertheile, will ich kürzlich den hier angegebenen Gegenstand mit dem uns in den römischen Gesetzen aufbewahrten Begriff vergleichen. Die einzige legale Bestimmung, welche hierzu tauglich ist, giebt uns Ulpian in der L. 1 in D. ad L. Jul. maj. Denn sie allein spricht geradezu von dem crimine perduellionis, während die übrigen, wie L. 1. §. 1. D. h.

a) D. h. das was durch die Grundverträge festgesetzt worden ist.

t. b) und §. 3. J. de publicis judiciis, c) von dem crimine majestatis
überhaupt sprechen. Ulpian erklärt der
perduellis für denjenigen, qui hostili
animo adversus rempublicam vel
principem animatus est. – Er behauptet
also, daß der perduellis diejenigen Eigen-
schaften habe, welche ein durch öffentlichen
Schluß erklärter *auswärtiger Feind*,
gegen den Staat und den Regenten besitz-
ze. Denn hostilis animus bedeutet die
Gesinnung eines Feindes; Feind hostis,
im juristischen Sinne ist aber niemand
anders, als ein auswärtiger zum Feind
erklärter Staat. So sagt eben dieser

b) Majestatis crimen illud est, quod adversus populum Romanum, vel adversus seceritatem ejus committitur.

c) Lex Julia majestatis, quae in eos, qui
contra Imperatorem, vel rem publicam
aliquid moliti sunt, suum vigorem ex-
tendit. Diese Bestimmung der Lex Julia setzt eigentlich gar nichts. Denn was
heißt das: etwas gegen den Kaiser oder die
Republik unternehmen?

Rechtsgelehrte d) Hostes sunt, quibus bellum publice populus Romanus decrevit, vel ipsi populo Romano: ceteri latrunculi, vel praedones appellantur. Welches ist denn aber der hostilis animus? welches sind die Gesinnungen eines Feindes des Staats? Keine andern als solche, welche auf das Verderben und den Untergang das Staats gerichtet sind. Dies sagt uns die Bedeutung des Worts, und wieder eben dieser Ulpian, e) der es uns mit seinen eignen Worten vollständig klar macht, was er unter animus hostilis verstanden habe. Er sagt: In civilibus dissensionibus, quamvis saepe per eas respublica laedatur, non tamen in exitium Reip. contenditur. Er behauptet also per contrarium, daß die Absichten des hostis, (des auswärtigen der gegen den Staat sich erhebt) in exitium reip. auf den Unter-

d) L. 24. D. de captivis et postliminio, et red. ab. host.

e) L, 21. §. D. eod.

gang des Staats gerichtet sey. Und so lautete denn die Bestimmung Ulpians vom Hochverrath mit andern Worten so: perduellis ist derjenige, welcher den Untergang des Staats oder des Regenten zu seiner unmittelbaren Absicht hat. Der von mir aus höhern Principien abgeleitete Begriff, wäre also mit der legalen Definition ganz einstimmig und hätte blos den Vorzug einer größern Bestimmtheit und Deutlichkeit. Denn wer die Aufhebung der durch die bürgerlichen Grundverträge begründeten Bestimmungen des Staats zum Zweck seiner Handlungen macht, der hat die unmittelbarer Absicht eines offenbaren Feindes, — die Absicht den Staat zu zerstören. Denn der Staat existirt nur durch die Grundverträge und die Existenz der durch sie determinirten Bestimmungen. Daß aber unser Begriff auch den zweiten Fall, den uns Ulpian in seiner Definition aufstellt, in sich begreife; davon wird sich ein aufmerksamer und mit seinem Schriftsteller denkender Leser, schon jetzt überzeugt haben. Unter den Grundverträgen befindet sich auch der Unterwerfungsvertrag, der für eine bestimmte Person das Recht der bürgerlichen Oberherrschaft begründet. Wer also diese Bestimmung aufheben will, qui in principem hostili animo animatus est, wer den Regenten töden, und entthronen will, oder eine andere Handlung unternimmt, durch welche der Regent aufhören soll Regent zu seyn; der ist auch nach unserem Begriff ein Hochverräther, in dem eigentlichen Sinne des Worts und muß nicht blos ein Feind des Regenten, sondern auch ein unmittelbarer Feind des Staats genennt werden. Denn erst durch den Unterwerfungsvertrag und den durch ihn bestimmten Oberherrn, wird der Gesellschaftsvertrag wirksam und die bürgerliche Gesellschaft zum Staat. f)

f) Denn Staat ist nur die Einrichtung einer größern Gesellschaft, wodurch es möglich gemacht wird, die Kräfte derselben in allen Fällen zur Ausübung des

Ich kann meinen Begriff nicht weniger durch die Geschichte der Verbrechen aus den frühern Zeiten des römischen Staats bestätigen. Denn diese lehrt uns, daß nur der als Feind des Staats bestraft wurde, der an der Freiheit, und der Existenz des Staats zum Verräther geworden war. Hierüber kann uns Livius (Lib. II, 3. 4. und 5.) belehren. — Der Stolz und die Tyrannei des Tarquinius hatte den königlichen Thron gestürzt. Der freie Geist des Brutus und der gerechte Haß des römischen Volks, hatte Roms Beherrscher auf immer aus dem Gebiet des Staats und von seinem Ruder verwiesen. Rom war nach dem allgemeinen Willen des Volks aus einer beschränkten Monarchie in eine beschränkte Erbaristokratie verwandelt worden. In demselben Jahre aber, welches Rom sich selbst nnd der

Zwangs zu vereinigen. S. Hufeland Lehrsätze des Naturrechts §. 408 und 430. — Man vergleiche auch meinen Antihobbes. Th. I. Cap. II. (Erfurt 1798.)

Freiheit wiedergab, verbanden sich die vornehmsten Jünglinge der Nation zur Zerstörung der jungen Freiheit und zur Wiedereinsetzung des Tyrannen. Licenz war die Ursache ihres Attentats. "Regem hominem esse, a quo impetres, ubi jus, ubi injuria opus sit: esse gratiae locum, esse beneficio; et irasci et ignoscere posse: inter amicum atque inimicum discrimen nosse. Leges rem surdam, inexorabilem esse, salubriorem melioremque inopi, quam potenti: nihil laxamenti nec veniae habere, si modum excesseris. Periculosum esse, in tot humanis erroribus solo innocentia vivere. — Ihre Verschwörung wurde entdekt und ihr Lohn war die Todesstrafe. — Was war aber wohl der Gegenstand ihres Verbrechens anders, als die Zerstörung des Staats, und die Aufhebung der bürgerlichen Grundverträge? Was war ihr Verbrechen anders, als Hochverrath? — Diese Verräther beleidigten den Verfassungsvertrag, denn der sanktionirte Wille der Nation hatte die Monarchie verdammt und eine gemilderte und verborgene Aristokratie, als Verfassung des Staats festgesetzt. Sie beleidigten aber nicht blos diesen, sondern auch den Vertrag der Unterwerfung und den Vertrag des bürgerlichen Vereins; — den Vertrag der Unterwerfung; denn die durch Brutus errichtete Souverainität, welche in die Majorität der Stimmen der gesammten Staatsbürger gesetzt war, sollte durch diese Verrätherei zerstört und in die Willkühr eines Einzigen aufgelößt werden: — den Vertrag der Vereinigung; denn dieser bestimmt die Freiheit zum Zweck der bürgerlichen Gesellschaft, und mit diesem Zweck steht die Tyrannei, welche durch diesen Verrath eingeführt werden sollte, in einen unauflößlichen Widerspruch:

Die Zeiten der Kaiser geben uns hierüber keine Aufschlüße. Denn hier verdammt die boshafte Willkühr des Despoten, und rechtschaffen seyn, war das einzige Verbrechen des Hochverraths. g)

Von dem Gegenstande des Verbrechens, wende ich mich zur Bestimmung des Subjekts desselben, d. h. zur Beantwortung der Frage: wer kann das Verbrechen des Hochverraths begehen?

Nur der Bürger des Staats, dessen Grundverträge verletzt werden, kann nach allgemeinen Principien das Subjekt des Hochverraths seyn. Denn 1) Strafgesetze eines Staats können nur den verbinden und gegen den gerichtet seyn, welcher des Staats Unterthan ist. Es ergiebt sich dies aus der Natur der strafenden Gewalt des Staats, 2) die Größe dieses Verbrechens wird durch die Verletzung der Verträge bestimmt an welche der Bürger als

---

g) Majestatis singulare et unicum crimen fuit illorum, qui crimine vacarent. Plin. Panegyr. C. 42.

solcher nothwendig gebunden ist, und denen er sich selbst unterworfen hat. Dies kann aber bei einem Fremden, der nicht Glied der bürgerlichen Gesellschaft und mithin in den Bürgerverträgen nicht begriffen ist, gar keine Anwendung finden. Der Fremde der sich feindselig gegen einen Staat beträgt, begeht kein Verbrechen, sondern nur eine Beleidigung und kann nicht als Uebertreter von Gesetzen, sondern nur als Feind behandelt werden. h)

Unsre positiven Gesetze stimmen mit diesen Grundsätzen überein; i) doch mit dem Unterschied, daß sie die bloßen incolas, den eigentlichen Unterthanen gleich

---

h) Daher unterscheiden auch die Rechtsgelehrten bei einem Spion, ob er ein Bürger oder ein Ausländer ist. Nicht dieser, sondern nur jener begeht einen Hochverrath. S. Struben rechtl. Bedenken. Th. II. Bed. 33.

i) Clem. 2. vers. rursus de sentent. et re judic.

ſetzen. k) Die goldne Bulle l) er:
laubt ſich aber eine noch gröſsere Erweite:
rung des Begriffs von dem Subjekt des
Hochverraths, indem ſie den Verrath ge:
gen die Churfürſten, ohne Rückſicht ob
dieſe Beleidigung von den Unterthanen
derſelben, oder von andern Reichsbürgern
begangen wird, zu einem Verbrechen des
Hochverraths erhebt. — Die Urſache die:
ſer Ausdehnung liegt am Tage. Arka:
dius und Honorius erklären in der
L. 5. pr. C. ad L. Jul. m. nicht bloß
die, welche gegen das Leben des Kaiſers
ſelbſt, ſondern auch gegen das Leben der
Staatsbedienten und derer, qui consiliis
et consistorio (inpratoris) intersunt,
für Hochverräther. Da nun die Churfür:
ſten, dieſe verae imperii columnae, von
jeher für die geheimen Räthe des

k) L. 29. D. ad municip. cf. Theodo-
ric in crim. C. 5. aph. 5. n. 2. Bachov
ad Treutler Vol. II. disp. 32. th. 1.
lit. B.

l) C. 24. §. 2.

Kaisers am Reich gehalten worden sind, so ist die Verordnung Carls nichts weiter als eine nähere Bestimmung der Verordnung des Arkadius und eine Anwendung derselben auf die Verfassung des deutschen Reichs. Es erhellet dies um so gewisser daraus, daß das Gesetz der goldnen Bulle fast nichts, als eine wörtliche Wiederholung des römisch-griechischen Gesetzes ist. m)

m) Einen augenscheinlichen Beweis hiervon giebt die Vergleichung:

L. 5. C.
Quisquis cum militibus, vel privatis, vel barbaris scelestam inierit factionem, aut factionis ipsius susceperit sacramentum vel laederit de nece etiam virorum illustrium qui consiliis et con istorio nostro intersunt (nam et ipsi pars corporis nostri sunt) vel cujuslibet postremo qui nobis militat, cogitaverit (eadem enim severitate voluntatem sceleris, qua effectum puniri jura voluerunt) etc.

Lat. Original der G. B.
Si quis cum principibus, militibus vel privatis seu quibuscunque personis, ple-

Nachdem wir nun sowohl das Subjekt, als den Gegenstand des Hochverraths bestimmt haben, so dürfen wir nur noch *eines* besondern Merkmals erwähnen, das die

> bejis etiam scelestam factionem aut factionis ipsius inierit sacramentum, vel dederit de nece venerabilium et illustrium nostrorum, et sacri Romani imperii tam ecclesiasticorum, quam saecularium principum Electorum, seu alterius eorundem (nam et ipsi par corporis nostri sunt) Eadem enim severitate voluntatem sceleris, qua effectum puniri jura voluerunt. etc.
>
> **Deutsches Orig. der G. B.**
> Wer mit Furstin adir mit Rittern mit sundirlichin personen adir mit gemeine sulke meyn dedelichen uffsatze dut adir mit eyden sich verbindit zu dunde uff dot der evvirdegin des heiligin richis Kurfurstin geistlichir adir vverntlichir adir eyme undir in der sal billich gebuszit werdin, die recht wullin daz vville der meyndat mit demselbin grymme gepiniget wurde, alse die Werk und daz er mit deinselbin grymme gebuszit wurde, als ein schuldig man der Almechtekeit, (umb daz die vorgenannte Kurfurstin sint ein glet unsirs libis.) etc.

Geſetzen mit dieſem Verbrechen verknüpfen, — und wir können denn hoffen, einen vollſtändig beſtimmten und zugleich für das poſitive Recht brauchbaren Begriff von dieſem Verbrechen zu beſitzen.

Dem Naturrecht und dem allgemeinen Grundſätzen von Verbrechen gemäß, kann ein Strafgeſetz nur durch die That ſelbſt übertreten werden, d. h. eine Handlung die durch ein Geſetz für ein Verbrechen erklärt worden iſt, kann nur denn als dieſes Verbrechen vorhanden ſeyn, wenn ſie vollbracht worden iſt. Die Verſuche zu demſelben, weder die entfernten, noch die nähern, ſind für Uebertretungen zu halten und liegen auſſer dem Geſetz. Denn das Recht eine Handlung zu beſtrafen, ſetzt das Geſetz voraus und gründet ſich auf die Androhung des Uebels und die Einwilligung des Verbrechens in daſſelbe, welche er durch die That erklärt. Wo alſo kein Geſetz iſt, (und auf den Verſuch erſtrekt ſich das Geſetz nicht), da iſt auch keine

Strafbarkeit der Handlung und kein Recht des Staats zur Strafe. Der Staat hat aber das Recht, seine Strafgesetzgebung auch auf die Versuche zu erstrecken, und sie, entweder mit einer besondern Strafe zu bedrohen, oder, wenn er es für nothwendig hält, sie dem vollbrachten Verbrechen gleich zu setzen. Hat er dies gethan, so sind die Bedingungen des Rechts zu strafen vorhanden und der Versuch macht nun ein Verbrechen aus. — Diese Ausdehnung der strafenden Gewalt ist nie so nothwendig als in dem gegenwärtigen Falle. Die Abscheulichkeit des Verbrechens, die Größe und Nähe der Gefahr, mit welcher eine solche That den bürgerlichen Verein bedroht, muß die gesetzgebende Gewalt auffordern, auch dem entferntesten Attentat ein mächtiges Gewicht entgegen zusetzen. n)

n) Doch gehen mehrere offenbar zu weit, wenn sie selbst nach allgemeinen Principien, den Versuch zum Verbrechen in den Begriff des Hochverraths aufnehmen, wie Gmelin Grundsätze der Gesetzgebung. S. 122.

Unsere Gesetzgebung folgt diesem Wink der Klugheit und setzt einen jeden Versuch dem vollendeten Verbrechen gleich. — Eadem severitate voluntatem sceleris, qua effectum puniri jura voluerunt. o) Unter voluntas sceleris kann aber nicht der bloße Wille, in so fern er nur eine innere Erscheinung ist, verstanden werden (denn es ist eine ewige Wahrheit: cogitationis poenam nemo patitur); sondern der Wille zur Begehung der That, in so ferne er sich schon durch äußere Handlungen, durch etliche scheinliche Werke (wie die Caroline sagt) bewiesen hat. p)

o) L. 5. C. ad L. Jul. m. — A. B. C. 24. §. 3. — §. 3. J. de publicio judiciis.

p) Die Franzosen nahmen unter dem Königthum die Verordnung des Arkadius nach den Worten und straften auch die Gedanken! — Ein Edelmann gestand seinem Beichtvater, er habe einst den Gedanken gehabt, Heinrich den Dritten zu ermorden — Sein Loos ward die Enthauptung. — Als Heinrich IV von Jacob Clement war ermordet worden, sagte ein Vi-

Der vollständige, und zugleich positivrechtliche Begriff vom Hochverrath, wäre also folgender: Er ist die von einem Bürger, oder von dem, welchen die Gesetze diesem gleich setzen, bewirkte oder versuchte Vernichtung der durch die bürgerlichen Grundverträge begründeten Bestimmungen der bürgerlichen Gesellschaft.

Ehe ich diesen Abschnitt verlasse, will ich durch eine kurze Prüfung einiger von Andern aufgestellten Begriffe, die Nothwendigkeit einer neuen Bestimmung, zu rechtfertigen suchen.

Die meisten ältern Rechtsgelehrten gehen über die gesetzliche Bestimmung we-

carius von St. Nicolas de Champs zu Paris: ausser Clemens würden sich wohl noch andere ehrliche Leute, um den König umzubringen, gefunden haben. Und er wurde erhängt. Man sehe übrigens Domats Supplement zum Staatsrecht. Bd. III. T. II. art. 5,

nig oder gar nicht hinaus und geben uns daher einen Begriff, bei dem wir uns entweder gar nichts oder nichts bestimmtes denken können. So sagt Hellfeld q) factum contra securitatem reipublicae susceptum, perduellionis crimen vocatur. Diesem Begriffe nach muß also der Diebstahl, der Mord, die vis privata et publica, die Revolte; und fast alle andere Verbrechen, Hochverrath genannt werden. Beleidigen diese Handlungen nicht die öffentliche Sicherheit? und können sie gedacht werden ohne eine Verletzung derselben? — Koch r) und mit ihm viele andere bleiben ebenfalls bei der legalen Definition stehen. Crimen perduellionis nennt er ea molimina, quae in eo consistunt ut subditus hostili animo adversus principem vel civitatem, cui nomen dedit, aliquid machinetur. Aber sollen denn nur die molimina das

q) Jurispr. forens. §. 2017.

r) Inst. jur. crim. §. 566.

Verbrechen des Hochverraths ausmachen? Ich denke doch die wirkliche Ausführung dessen, was der animus hostilis intendirt, muß mit denselben wo nicht noch größern Rechte Hochverrath genannt werden. — Und glaubt denn Koch, nur der Bürger eines Staats könne einen Hochverrath begehen? Von jedem Reichsbürger kann ja, wie er selbst im folgenden §. sagt, gegen einen Churfürsten der Hochverrath begangen werden. Er wollte uns einen positiven Begriff vom Hochverrath geben und mußte also auch die Merkmale, welche das positive Recht an die Hand gibt, nicht von dem Begriffe ausschließen. — Aber was das wichtigste ist; kann man sich unter den Worten hostilis animus, so wie sie ohne alle weitere Erklärung da stehen, etwas bestimmtes denken? diese Worte des Ulpian sind an und für sich ganz unbestimmt und schwankend und können nur entweder durch höhere Principien oder durch eine weitläufige Erörterung aus dem Sprachgebrauch, fixirt werden. Eine Bestimmung muß uns aber die Merkmale eines Gegenstandes genau angeben und unmittelbar einen deutlichen Begriff erwecken, wenn sie jenen Namen verdienen soll. Zudem erwecken die Worte hostilis animus nicht blos einen schwankenden, sondern auch einen irrigen Begriff. Es scheint nemlich, als wenn nicht sowohl die Handlung, als vielmehr die Gesinnung den Inhalt des Verbrechens ausmachen solle — ein Gegenstand des Hochverraths, der durch nichts gerechtfertigt werden kann. —

Der scharfsinnische Kleinschrod r) nennt es Hochverrath, wenn man die politische Existenz und Verfassung des Staas in Schaden und Gefahr bringt. So sehr auch diese Bestimmung alle andern Bestimmungen, so viel mir deren bekannt worden sind, an Wahrheit übertrifft; so kann ich sie doch nicht für befriedigend halten. Denn

---

r) Grundsätze des p. R. Th. III. S. 225.

1) scheint sie mir zu vieles in sich zu fassen. Jedes Verbrechen, wenn es nur ein wahres, nicht ein vom Staat erdichtetes Verbrechen ist, bringt die Existenz und politische Verfassung des Staats in Gefahr und Schaden, 2) aber, scheint sie mir auch zu eng zu seyn; denn wenn ich die Worte nach dem Sinne nehme, den ihnen der Verf. wahrscheinlich beigelegt hat, und zu den von ihm angegebenen Merkmalen, das Prädikat u n m i t t e l b a r s) hinzufüge, so kann der Regentenmord, der

s) Dieses Merkmals oder des Prädikats: direkt, bedient sich Filangieri um das Verbrechen des Hochverraths von den übrigen Verbrechen zu unterscheiden. Dieses Verbrechen nennt er nemlich: alle direkten Attentate entweder gegen die Staatsverfassung oder den Souverain. — Ich sage direkten, spricht er in der Anmerkung, weil sonst jeder Mißbrauch des Ansehns in der Person eines Magistrats, jeder Ungehorsam gegen die Befehle des Souverains in der Person eines Bürgers unter dieser Classe könnten begriffen werden." System der Gesetzgebung. Bd. IV. Kap. 43.

nach den deutlichsten Aussprüchen unserer Gesetze zu dem Hochverrath gehört, nicht unter dieser Definition begriffen seyn.

Noch mehrere Begriffe von diesem Verbrechen anzuführen und zu prüfen, kann ich um so eher überhoben seyn, je mehr alle andere mit den eben erwähnten übereinstimmen.

Zweiter Abschnitt.

Folgerungen aus dem angegebenen Begriff.

Es kann nicht fehlen; man wird den von mir aufgestellten Begriff der Dunkelheit beschuldigen, oder ihm gar eben die Unbestimmtheit vorwerfen, die ich an den vorhergehenden gerügt habe. Ich glaube aber daß es das beste Mittel seyn wird ihn von diesen Beschuldigungen zu retten, wenn ich ihn in seiner Anwendung zeige. Ohne eben ein System von den einzelnen Verbrechen des Hochverraths aufbauen zu wollen, wird es mir daher erlaubt seyn, die wichtigsten Haupt- und Unterarten kürzlich anzuführen und die in den Begriff enthaltenen Folgerungen zu ziehen.

Dies ist um so nothwendiger, da Alle ohne Ausnahme welche den Hochverrath untersucht haben, die einzelnen Fälle und Arten nur rhapsodisch aufzählen und (wie es denn auch wegen ihren schwankenden Begriff nicht anders möglich ist) uns in beständiger Ungewißheit lassen, ob es nicht noch mehrere Arten dieses Verbrechens gebe, oder ob die aufgezählten, wirklich Verbrechen des Hochverraths zu nennen seyen.

Die wichtigsten Folgerungen sind die, welche durch den **Gegenstand** des Verbrechens bestimmt werden. — Dieser besteht in den Bestimmungen der Grundverträge des Staats, welche durch die That verletzt und aufgehoben werden sollen. Es giebt daher so vielerley Hauptarten des Hochverraths, als es Grundverträge der bürgerlichen Gesellschaft giebt. Dieser sind aber drei, nemlich der **Gesellschafts- oder Vereinigungsvertrag** (pactum unionis) der **Unterwerfungsvertrag** (pactum subjectionis) und der Verfassungsvortrag (pactum ordinationis.) t)

Der **Gesellschafts-** oder **Vereinigungsvertrag**, ist derjenige, durch welchen die Menschen aus dem Stande der Natur heraustreten, und sich zum Zweck der bürgerlichen Gesellschaft verbinden. Die allgemeine Bestimmung, welche aus diesem Vertrag herfließt, ist daher 1) daß der Zweck des Staats, welcher in der wechselseitigen Freiheit aller besteht, als Zweck der Gesellschaft begründet wird, 2) daß er eine nothwendige Vereinigung der Kräfte aller Einzelnen zu diesem Zwecke in sich enthält. Denn der bürgerliche Verein ist eine Gesellschaft; eine Gesellschaft aber kann weder ohne einen Zweck, noch ohne harmonische Einstimmung der Gesellschaftsglieder und ihrer Kräfte zu demselben gedacht werden. — Aus der Existenz dieses Vertrags aber,

t) S. Huflands Naturrecht. Th. I. Cap. II. Meinen Antihobbes.

in so ferne er eine collektive Einheit Mehrerer, eine moralische Person bestimmt, folgt 3) die **Freiheit** der Gesellschaft selbst, d. h. ihre Existens als eine besondere, für sich bestehende Gesellschaft, ihre Unabhängigkeit. Denn der Vereinigungsvertrag, so wie jeder andere Vertrag, durch welchen eine Gesellschaft errichtet wird, vereinigt die Einzelnen Gesellschaftsglieder, zu Einem ungetheilten Ganzen, zu einer für sich bestehenden moralischen Person. Die hört aber sogleich auf dieses zu seyn, als sie ihre Freiheit verliert und mit einer andern Gesellschaft verschmolzen wird. Denn sie wird nun Glied und Theil eines andern Körpers und verliert also die durch den Gesellschaftsvertrag nothwendig determinirten Bestimmungen der Persönlichkeit und Selbstständigkeit. —

Ein Bürger kann also auf eine dreifache Weise an diesem Vertrag zum Verbrecher werden:

1) Wenn er die Vereinigung der Kräfte zu dem Gesellschaftszweck aufzuheben sucht, wenn er also die Gesellschaft ganz auflösen und in den Zustand der Anarchie zurückführen will, oder wenn er durch Aufruhr, Conspiration u. s. w. dem Ganzen einen Theil entziehen, entweder von ihm unabhängig machen, oder einem andern Staat unterwerfen will. Die Gesetze der XII. Tafeln verordneten daher u), daß wer einen Bürger dem Feind in die Hände liefern würde (qui civem hosti traddiderit), als Hochverräther und mit dem Tod bestraft werden sollte. Dahin gehört auch die Behauptung des Scävola x)

u) Nach L. 3. D. ad L. Jul. im. — Nach dem preußischen Gesetzbuch. Thl. II. Tit. 20. Abſch. 3. §. 102. et 103 ist der ein Hochverräther, welcher Provinzen des Staats, Armeen und Hauptfestungen in feindliche Hände zu spielen sucht. Dieser Verbrecher soll zum Richtplatz geschleift, mit dem Rad von unten herauf getödtet und dessen Körper auf das Rad geflochten werden.

x) L. 4. pr. D. ad L. Jul. m.

daß der ein crimen majestatis begehe, der die Armee des Staats in einen Hinterhalt des Feinds gelockt und sie diesem verrathen habe cujus dolo malo exercitus populi Romani in infidias deductus, hostibusque proditus erit).

2) Wenn er den durch den Vereinigungsvertrag bestimmten Zweck der Gesellschaft aufheben will und solche Handlungen vornimmt, durch welche die Gesellschaft aufhört eine bürgerliche zu seyn. — Daraus kann die Frage beantwortet werden, die schon ein älterer Schriftsteller y) der Untersuchung werth gefunden hat; ob nemlich auch der des Hochverraths schuldig sey, welcher den Regenten des Staats zum Despoten zu machen sucht? — diese Frage muß ohnstreitig mit ja beantwortet werden. Denn dieser Feind der Freiheit verletzt nicht blos den

---

y) Löwenstern in den gelehrten Beyträgen zur Schwerinschen Intelligenz vom Jahr 1776. n. 2—5.

Verfassungsvertrag, von dem wir weiter unten sprechen wollen; sondern auch den Vereinigungsvertrag und den Zweck des bürgerlichen Vereins; denn es ist offenbar und in unsern Tagen schon genug gesagt und bewiesen worden, daß der Staat nicht um des Regenten, sondern der Regent um des Staats wegen vorhanden, und der Grund der Existenz und der Nothwendigkeit eines Oberhaupts blos in dem bürgerlichen Vertrag und dem durch ihn bestimmten Zweck zu suchen sey. Da nun aber Despotismus sowohl, als Despotie dem Begriff und der Natur des Vereinigungsvertrags widerspricht und durch beide der Zweck, mithin auch das Daseyn der **bürgerlichen** Gesellschaft aufgehoben wird, so muß die Erhebung eines Regenten zum Despoten, schlechterdings als ein Angriff auf den wichtigsten Grundvertrag des Staats betrachtet, mithin auch als Hochverrath bestraft werden. Eben dahin gehört auch der Fall, wenn ein Minister oder was immer für ein anderer Bürger, sich zur Ausführung solcher Absichten der Regenten gebrauchen läßt, die zwar nicht den Zweck des Staats schlechthin und für immer zerstören, aber doch in besondern einzelnen Fällen ihn und die wesentlichen Rechte der Bürger aus dem Vereinigungsvertrag verletzen.

Man fragt vielleicht: wer soll denn hier strafen? — doch nicht etwa das Volk? — Keineswegs, sondern entweder der Regent selbst, wenn er wieder zur Vernunft gekommen ist, oder sein Nachfolger, wenn dieser gerecht ist.

3) Endlich ist auch der des Hochverraths schuldig, der gegen die **Freiheit** und **Selbstständigkeit** des Staats etwas unternimmt. Dies ist der Fall, wenn ein Bürger eine **Inkorporation** des Staats mit einem andern intentirt. Bloße **Unterwerfung** unter einen Auswärtigen, verletzt nur den Unterwerfungs- nicht aber den Vereinigungsvertrag. Denn

hier bleibt die Gesellschaft als besonderes Korpus, und nur das Oberhaupt wird verändert.

Der Vertrag welcher zunächst durch den Vereinigungsvertrag begründet wird, heißt der **Unterwerfungsvertrag.** Er ist der Vertrag, **durch welchen ein Organ des allgemeinen Willens constituirt d. h.** das Recht der höchsten Gewalt, einer physischen oder moralischen Person übertragen wird. — Dieser kann auf folgende Weise verletzt werden:

1) Da der Vertrag die Bestimmung enthält, daß eine bestimmte Person das Recht der Oberherrschaft besitzen solle, so ist der ein Hochverräther, welcher dieser Person nach dem Leben steht. Denn das Leben ist die nothwendige Bedingung aller Rechte, mithin auch des Rechts der Souverainität. Diesen Fall bestätigen ausdrücklich die schon oft angeführten positiven Gesetze.

2) **Aus demselben Grund ist auch die Entthronung des Regenten Hochverrath**, denn Enthronung ist Beraubung aller Rechte der höchsten Gewalt. z)

z) Sowohl die Entthrohuung, als die Beraubung des Lebens muß aber entweder wirklich erfolgt, oder wirklich intentirt seyn, wenn ein Hochverrath vorhanden seyn soll. Zweideutige Handlungen dürfen nie zum Verbrechen gemacht werden. Zu solchen zweideutigen Handlungen, die unter den römischen Kaisern, als Hochverrath bestraft wurden, gehört nebst vielen andern Fällen, deren Tacitus und Suetonius erwähnen, das so oft zum Hochverrath gestempelte **Befragen der Wahrsager um das Schicksal oder Leben des Kaisers oder der kaiserlichen Familie.** (Quaestio per Chaldaeos in caput l. domum caesaris). Der Grund, oder der Vorwand unter welchem dieser Gebrauch des Aberglaubens zum Hochverrath gemacht wurde, war gewiß kein anderer als der, welchen Lipsius (in Commentario ad Annales Taciti. p. 73. nr. 39.) und Tertullian angiebt: — Quaerere per Chaldaeos in dom. Caes. semper capitale. Cui enim opus perscrutari super Caesaris salute, nisi a quo aliquid adversus illum cogitatur, vel

3) Eben dies muß von dem Falle gesagt werden, wenn nur einzelne Rechte der Souverainität dem Oberherrn rechtswidrig genommen werden sollen. Denn alle einzelnen Rechte der Souve-

optatur, aut post illum speratur et sustinetur? Non enim ea mente de caris consulitur, qua de dominis, ait apposite ad hanc rem Tertullianus. Der gelehrte Lipsius hat sehr recht, wenn er uns das Daseyn dieser Art des Hochverraths aus einem solchen Grunde erklärt; aber sehr unrecht, wenn er es daraus vertheidigt. Kann denn das Befragen der Chaldäer nicht aus Neugierde entspringen? und gesetzt auch, daß es aus der angeführten Ursache geschehen, wird die Handlung dadurch zum Verbrechen? — denn ein solches Befragen bewiese ja weiter nichts als ein Wohlgefallen an dem Unglück und dem Tod des Kaisers; und ist keineswegs weder eine Handlung, durch welche ein Hochverrath begangen wird, noch ein offenbarer Beweis für verrätherische Gesinnungen. Wer sich nach dem Willen des Schicksals erkundigt, der beweist ja eben dadurch, daß er den Gegenstand seiner Neugierde blos dem Willen des Schicksals überlassen will.

verainität sind begründet durch den Unterwerfungsvertrag. Durch Aufhebung der Souverainitätsrechte wird daher ein Theil des Vertrags selbst aufgehoben. — Nicht weniger ist es ein Hochverrath:

4) wenn die Ausübung der Oberherrschaft nur auf bestimmte Zeit suspendirt oder ihr Gebrauch dem Regenten für immer unmöglich gemacht wird. Dahin gehört die Gefangennehmung des Regenten, seine Entführung, die Beraubung seines Verstandes, so daß er zu Regierungsgeschäften unfähig wird u. s. w.

5) wenn einzelne Theile seiner Staaten ihm entzogen und einer auswärtigen Macht entweder incorporiret oder **unterworfen** werden sollen. Denn der Unterwerfungsvertrag bestimmt ihn zum Oberhaupte aller derer, die sich ihm durch denselben unterworfen haben. Aus diesem Grunde sind nicht blos die Hochverräther, welche jenes zu ihrer unmittelbaren

Abſicht haben, ſondern auch diejenigen, welche wiſſentlich und aus feindſeligen Abſichten die Handlungen derer befördern, die ſich entweder wirklich den ganzen Staat oder Theile deſſelben zu unterwerfen ſuchen; oder bei denen doch eine ſolche Abſicht mit Recht vorausgeſetzt und befürchtet werden muß. Daher iſt der Beiſtand der einem erklärten Feind des Staats geleiſtet wird ein Hochverrath. — (majestatis tenetur) qui hostibus populi Romani nuntium, litterasve miserit, signumve dederit, feceritve dolo malo, quo hostes populi Romani consilio juventur adversus rempublicam a) — Noch ſtrenger iſt Scävola, wenn er b) auch den des Hochverraths ſchuldig erklärt, „cujus opera dolo malo hostes populi Romani commeatu, armis, telis, equis pecunia, aliave qua re adjuti erunt. Nennen wir aber dieſen einen Hochverräther,

a) L. 1. §. 1. D. ad L. Jul. m.

b) L. 4. pr. D. eod.

so muß um so mehr der Anstifter und Urheber der Feindschaft diesen Namen verdienen. Daher ist nach den Gesetzen, der ein Hochverräther, cujus dolo malo jurejurando quis adactus est, quo adversus rempublicam faciat, und cujus dolo malo factum erit, quo rex externae nationis populo Rom. minus obtemperet.

Da ich hier nur die verschiedenen Hauptarten des Hochverraths zu bestimmen unternommen habe, so kann ich mit Recht der Erörterung verschiedener Nebenrücksichten, wohin besonders die Grenzen des Hochverraths in den angegebenen Fällen gehören, überhoben seyn. Nur soviel hier im Allgemeinen als zu Verhüthung von Misverständnissen nothwendig ist. — Es ergiebt sich nemlich aus der Natur der Sache, daß kein Verbrechen, mithin auch kein Hochverrath gedacht werden könne, wo der Bürger zu seiner Handlung berechtigt war. Dahin gehört nun, wenn dem

Unterthan gegen seinen Regenten das moderamen inculpatae tutelae zu statten kommt, als in welchem Fall ihm das Recht nicht versagt werden kann, ihn zur Erhaltung seiner eigenen Rechte selbst des Lebens zu berauben, z. B. wenn ein Regent eine seiner Untergebenen mit Gewalt schänden, oder einen mörderischen Anfall auf das Leben seiner Unterthanen wagen sollte. Denn in diesen und allen ähnlichen Fällen ist der Regent gar nicht als Regent zu betrachten; sondern er ist Privatperson, gegen welche dem Bürger alle Rechte des Menschen, mithin auch die Rechte der Selbstvertheidigung zustehen müssen. c). Wie kann nun der Gebrauch dieses Rechts zum Verbrechen werden? wie kann der ein Hochverräther seyn, der nur sich selbst und seine Rechte gegen einen ungerechten Anfall vertheidigt hat? Qui jure suo utitur nemini facit injuriam. —

c) Ich habe mich hierüber weitläufig erklärt in meinem Antihobbes.

Ich wende mich nun zu dem letzten Grundvertrag des bürgerlichen Vereins. Und dieser ist der Verfassungsvertrag, welcher die willkührlichen Grenzen der höchsten Gewalt und die Art, wie sie ihren Willen äussern soll, bestimmt. Aus ihm geht also die Verfassung des Staats hervor, welche verbunden mit den Bestimmungen des Unterwerfungsvertrags, die bürgerliche Gesellschaft zum Staat erhebt.

Der Bürger verletzt diesen Vertrag und wird Hochverräther durch Revolution d. h. durch gewaltsame Umkehrung oder Veränderung der bestehenden Verfassung des Staats. Ich sage: gewaltsame Umkehrung oder Veränderung, denn ich nehme hier den Begriff Revolution im engsten Verstande; dieser aber setzt immer Gewalt voraus. — Ich fügte aber dieses Prädikat auch aus der Ursache bei, um anzudeuten, daß eine nicht durch Gewalt, sondern auf dem

Wege des Rechts bewirkte oder zu bewirkende Veränderung der bestehenden Verfassung, kein Hochverrath zu nennen sey. Auf dem Weg des Rechts kann eine solche Veränderung auf keine andere Weise bewirkt werden, als 1) wenn das gesammte Korpus der Bürger (omnes et singuli) oder, falls Pluralität der Stimmen in allen Staatsgeschäften bestimmt seyn sollte, wenn diese Pluralität des Volks, (welche sich aber nicht in Zusammenrottirungen äussert), ihre Beistimmung zu der Staatsveränderung giebt: 2) Wenn der Regent mit seinem Volk in die Veränderung aus freier Ueberzeugung willigt. Beide Erfordernisse müssen vorhanden seyn, wenn eine Veränderung oder Umwälzung gerecht genennt werden soll; und weder der einseitige Wille des Regenten, noch der einseitige Wille des Volks, können zu einer Revolution berechtigen. Denn die Verfassung wird durch einen zwiefachen Vertrag bestimmt, durch einen Vertrag des Volks mit sich selbst, und durch einen Vertrag des Volks, als eines Ganzen mit dem Regenten. d) Wenn also ein Bürger diesen durch die Gerechtigkeit gebilligten Weg betritt, und etwa durch gemäßigte, keinen Aufruhr predigende Schriften, das Volk und seinen Regenten von den Mängeln der alten und der Nothwendigkeit einer neuen Verfassung zu überzeugen sucht, ja, wenn er eine Reform oder Revolution auf die vorgeschriebene Art schon wirklich bewirkt hat, so ist er gar nicht Hochverräther, am wenigsten aber ist er als solcher zu bestrafen. Denn er bedient sich eines Rechts, das jeder Bürger hat und das ihm niemals als Verbrechen angerechnet werden kann. — Un-

---

d) Vergl. Genz in s. Anmerkungen zu der Ueberf. der Burkischen Schrift über die franz. Rev. — Rehberg über die franz. Rev. — Erhard über das Recht eines Volks zur Revolution. — Fichtes Beiträge zur Berichtigung der Urtheile ꝛc. Th. I. — Von dem Hochverrath durch Veränderung in der Verfassnng s. Böhmer ad art. 124. C. C. C.

mittelbar folgt aber aus dem bisher gesagten, daß er sich jenes Verbrechens schuldig macht, wenn er durch eigentliche Revolution jene Umwälzung oder Veränderung bewirkt oder zu bewirken sucht; es sey nun durch aufrührerische zu einer neuen Ordnung der Dinge ermunternde Schriften, oder durch wirkliche Handlungen; durch geheimes Anstiften bei dem Regenten, oder durch Verschwörung und Conspiration mit dem Volk. Eine Revolution, in so ferne sie einen Hochverrath ausmacht, wird nach unsern Principien auf dreierlei Art bewirkt.

1) Wenn ein Bürger mit dem Regenten zur Bewirkung einer Revolution conspirirt. Denn der Regent hat eben so wenig das Recht gegen die Verfassung einseitig etwas vorzunehmen, als das Volk wider ihn dieses Recht hat. Die Verfassung ist die Grenze seiner oberherrlichen Gewalt. Nur innerhalb ihr ist er Regent; auſſer ihr ist er Privatperson. Es ist

hier kein Unterschied zu machen, ob die Veränderung in der Verfassung, dem Volk zum Vortheil gereiche, oder nicht. Denn das Recht wird nicht verändert durch die Vortheile die aus der Ungerechtigkeit entspringen.

2) Wenn er eine Revolution mit dem einseitigen Willen des Volks gegen den Regenten bewirkt:

3) Wenn er gegen einen Theil des Volks und gegen den Regenten, oder mit Einwilligung des Regenten und eines Theils des Volks gegen den andern Theil desselben, die Verfassung stürzt.

Blos die bisher beschriebenen Arten des Hochverraths sind es, welche sowohl nach naturrechtlichen, als nach positiven Principien, mit diesem Namen bezeichnet werden können. Gleichwohl haben verschiedene Rechtsgelehrte noch ein crimen perduellionis obliquae in unsre Wissenschaft eingeführt, welches in dem Verbrechen des Hochverraths an den Ministern des Regenten bestehen soll. — Freilich wenn die Minister des Regenten, nicht der Gegenstand, sondern nur ein Medium seyn sollen, vermittelst welches der Hochverrath an dem Staat selbst, als dem wahren Gegenstand dieses Verbrechens begangen wird, so kann hierge gen nichts mit Grund eingewendet werden, das ausgenommen, daß es höchst überflüßig ist, dieses Verbrechen zu einer besondern Art des Hochverraths zu machen, und mit einem eignen Namen zu bezeichnen. Denn es ist nichts weiter, als eine besondere Art des Hochverraths, und des sogenannten criminis perduellionis directae. Alsdann wird aber vorausgesetzt, daß durch Verletzung der Minister, der Staat selbst, auf die oben bestimmte Art verletzt werde oder verletzt werden solle; wie z. B. wenn die Unterthanen einen Minister ermorden, mit dessen Leben das Wohl und die Existenz des Staats innig zusammenhängt u. s. w. — Doch diese Rechtsgelehrten wollen mehr als dies. Sie wollen, daß eine Verletzung der Minister jederzeit als Hochverrath angesehen werden solle. Und dies läßt sich durch nichts rechtfertigen. Denn Hochverrath kann nicht anders als durch Verletzung der Grundverträge und ihrer Bestimmungen gedacht werden. Findet dies denn aber hier seine Anwendung? ist denn Staat und Minister eins? ist die Existenz eines Staatsbedienten durch irgend einen der bürgerlichen Grundverträge bestimmt? — Zwar scheint das Gesetz des Arkadius jene Meinung zu begründen, wenn es unbedingt jeden begangenen oder intentirten Mord an was immer für einem Staatsbedienten für ein Verbrechen des Hochverraths erklärt. Allein ich bin überzeugt, daß diese Verordnung jetzt gar keine Anwendung mehr finden könne. Denn indem Carl IV dieselbe in seiner goldnen Bulle wiederholt, und statt der Minister überhaupt, von denen Arkadius redet, des heiligen Reichs Churfürsten insbesondere zu Gegenständen des Hochverraths gemacht hat, so hat er den Hochverrath an den Staatsbediensten überhaupt stillschweigend aufgehoben und dieses Verbrechen nur auf die Churfürsten, als die intimos imperatoris consiliarios, beschränkt. — Das crimen perduellionis obliquae ist daher nichts, als eine irrige Erfindung der Rechtsgelehrten, die aus unserer Wissenschaft gänzlich verbannt werden muß.

Dritter Abschnitt.

Grundriß zu einer Geschichte der Gesetzgebung über dieses Verbrechen.

———

In den frühesten Zeiten der Nationen hat die strafende Gewalt des Staats immer nur die Gestalt der Rache und deutet uns augenscheinlich auf die Quelle hin, aus welcher sie der Staat genommen hat. e) — Strafe setzt nemlich immer ein Strafgesetz voraus, welches Handlungen der Bürger für Verbrechen erklärt und die Begehung derselben mit physischen Uebeln bedroht. Und auf diesem Grund beruht sowohl der Begriff, als auch das Recht der Strafe. Allein rohe, noch in der Kindheit lebende Völker kennen diese Ei-

e) Nemlich die Privatrache.

genschaft und diesen Grund der Strafe nicht. Ihnen ist es genug einen Verbrecher zu peinigen und sich seiner zu entledigen — ohne sich weiter um die Gerechtigkeit ihres Verfahrens zu bekümmern. Sie bestrafen Verbrechen, ohne daß Gesetze vorhanden sind, welche Handlungen für Verbrechen erklären — und ihre Strafe ist nun nicht Strafe, sondern Rache.

So nicht weniger bei den Römern in der ersten Epoche ihres Daseyns! der König war der höchste Richter und nicht das Gesetz, sondern seine Willkühr bestimmte die Rechte der Partheien. f) Verrätherei

---

f) Et quidem initio civitatis nostrae populus sine lege certa, sine jure certo primum agere instituit: omniaque manu Regis gubernabantur. L. 2. §. 1. D. de O. J. — Eben dies ist uns aber ein neuer Beweis von den einfachen und unschuldigen Sitten der damaligen Zeit. Denn Strafgesetze vermehren sich mit den Lastern. Schön spricht Tacitus hierüber: Ann. III. C. 26. Vetustissimi mortalium nulla adhuc mala libidine, sine

und Majestätsverbrechen wurden bestraft; die Missethäter vom Tarpejischen Felsen gestürzt, oder mit Pferden zerrissen, oder den Untergöttern geweiht, — mehr aus Rache, als aus Gerechtigkeit; nach dem Gutdünken des Regenten und nicht nach dem Gesetz. — Wir dürfen daher von den gegenwärtigen Zeiten nur sehr geringe Dokumente von einer Gesetzgebung über den Hochverrath erwarten, wenn auch (was sich in der That vermuthen läßt) noch etwas mehr vorhanden gewesen seyn sollte, als die neidische Vergänglichkeit für uns

probro, scelere, eoque sine poena ant coercitionibus agebant: neque praemiis opus erat, cum honesta suopte ingenio peterentur; et ubi nihil contra morem cuperent, nihil per metum vetabantur. At postquam exui aequalitas, et pro modestia ac pudore, ambitio et vis incedebat; provenere dominationes: multosque apud populos aeternum mansere. Quidam statim, aut postquam Regum pertaesum, leges maluerunt. — So spricht aber nicht der Rechtsgelehrte!

aufbehalten hat. Das einzige Majeſtäts⸗
geſetz aus dieſer Periode, von welchem
wir etwas wiſſen oder vermuthen können
iſt von dem Stifter des Reichs, dem Ro⸗
mulus. Er verordnete daß Verräther
des Staats und die welche einen Aufruhr
geſtiftet, oder ſich ſonſt deſſelben ſchuldig
gemacht hatten, den Untergöttern geweiht
werden ſollten. Dionyſius g) der ein⸗
zige, der dieſes Geſetzes erwähnt, nennt es
νομος προδοσιας, das Geſetz über die Ver⸗
rätherei. — Es wollen einige die Exiſtenz
dieſes Geſetzes in Zweifel ziehen und die
früheſte Geſetzgebung über das Majeſtäts⸗
verbrechen erſt in den XII. Tafeln finden.
Allein ich glaube nicht ohne Grund das
Gegentheil behaupten zu können. Zwar
ſagt uns Dionyſius nichts geradezu von
dem Inhalt des Lex proditionis, er ſagt
blos, wo er von der Eintheilung des Volks
in Patronen und Klienten und ihren wech⸗
ſelſeitigen Pflichten redet, daß wer dieſen

g) Ant. L. II. C. 10.

Pflichten entgegengehandelt, der Lex proditionis, welche Romulus gegeben, schuldig gewesen sey. „Quod si quis, sagt er, in aliquo hujusmodi facinore deprehensus fuisset, proditionis Lege, quam Romulus sanxerat, tenebatur. Et cum, qui ejus criminis fuisset convictus, cuivis ut Diis sacrum, interficere licebat." — Hieraus sieht man aber daß die Verordnung gegen die Verletzung des klientelarischen Verhältnisses nur ein Theil der Lex pr. gewesen sey, dieses aber seinen Namen von dem Gegenstand des in demselben enthaltenen **Hauptverbrechens**, der Verrätherei, seinen Namen erhalten habe. Dies wird noch dadurch bestätigt, daß Dionysius im 3ten Buche, wo er von der Bestrafung der Mitverschwornen des Metius Suffetius redet, sich auf ein früheres Gesetz über die Verrätherei bezieht. Er sagt: In ejus vero (Metii Suffetii) socios et proditionis conscios rex judicia constituit, et qnotquot convicti fuerunt,

eos ex lege in militiae deser-
tores et proditores lata, capitali
supplicio adfecit.

Nach Vertreibung der Könige, lebte
das Volk noch gesetzloser als zuvor. Denn
selbst die wenigen und unvollkommenen
Gesetze der Könige, wichen mit ihnen aus
der Stadt und das Volk gerieth unter die
Willkühr der Patrizier. Nach langen Käm-
pfen und hartnäckigem Fordern bestimmter
Gesetze, erhielt es endlich die XII. Tafeln
aus den Händen der Decemvirn. So
mangelhaft auch dieser Codex ist und eine
so geringe Summe von Rechtsverhältnis-
sen er auch immer umfassen mag, so läßt
sich doch mit Recht vermuthen, daß er über
Majestätsverbrechen etwas werde verordnet
haben. Allein ausser dem, was Man-
cianus h) und Porc. Latro i) davon

h) L. 3. D. ad L. Jul. m.
i) Declam. adv. Catilin. C. XIX. Andre
nennen den Vilius Crispus, andere
den Sallustius Crispus als Verfas-

gedenken, ist nichts bis auf unsere Zeiten gekommen. Nach jenem verordneten die Decemvirn, daß der an dem Leben gestraft werden sollte, qui hostem concitaverit, quive civem hosti tradiderit; und nach diesem wurden auch die nächtlichen Zusammenkünfte mit der Todesstrafe belegt. k)

Noch war die Republik Aristokratie. Aber bald verloren die Aristokraten ihre Vorrechte. Das Volk erhielt seine Tribunen, errang sich die wichtigste Stimme in den Comitien, ein Recht auf die höchsten Aemter des Staats: und Rom sank zur **Demokratie** herab. Und nun finden wir eine neue Triebfeder, ein neues Prinz

ser dieser Declamation. S. Fabricii bibl. lat. p. 151. (Hamb. 1712.)

k) Qei. calim. endo. urbe. nox. coit. coiverit. Kapital. estod. cf. **Augustin.** de legibus et senatusconsultis, ibique. Fulvium Ursinum.

cip für die Wirksamkeit der Römer — den republikanischen Stolz. Wir finden ihn in allen Demokratien. Die Einrichtungen der Römer und Griechen, liefern uns hiervon die sprechendsten Beweise. Kein Fremder durfte in den Olympischen Spielen auftreten; keiner zu Athen im Chor bei den Schauspielen eine Rolle übernehmen. Die fremden Bewohner der Stadt wurden wenig höher als Sklaven geachtet und bei öffentlichen Feierlichkeiten, mußten ihre Frauen den athenienfischen Damen dienen. — Noch wirksamer, als bei den Griechen, wurde bei den Römern diese Triebfeder. Es wäre überflüßig dieses zu beweisen, da ein jedes Blatt in der römischen Geschichte von dieser Periode uns hierüber belehren kann. - Aber was wir republikanischen Stolz und darauf gegründete Eroberungssucht nennen, das nannten sie das Ansehen, die Würde und Majestät des römischen Volks. Majestas est amplitudo ac dignitas civitatis. — Majestatem is minuit, qui ea tollit, ex quibus rebus amplitudo civitatis constat. Dies sind die Erklärungen von majestas, die uns ihr größter Redner Cicero 1) gegeben hat, und welche uns beweisen, daß wir unter der majestas populi Romani, von welcher die Majestätsgesetze sprechen, gar nicht die höchste Gewalt, die eigentliche Majestät, zu verstehen haben. — Mit den Begierden des Volks erweiterte sich also auch der Begriff von Majestätsverbrechen. Wer die Ehre und Würde des Staats beleidigte, der war ein Verbrecher und vergriff sich als Feind an der Existenz des Staats. Wer die Sicherheit der Republik in Gefahr brachte und wer ihre Würde schmälerte, der war eines und desselben Verbrechens schuldig. Das erste Gesetz, das auf diese Art den Hochverrath erweiterte war die Lex Apuleja vom Jahr d. St. 652. welche die Flüchtlinge von der Armee des Q. Catu-

---

1) de Oratore. II. 39. — ad Herennium II, 12.

lus, der damals gegen die Cimbrer focht, für Majestätsverbrecher erklärte. m) Der Grund dieses Gesetzes war kein anderer, als die Verringerung der Würde des Staats, und sein Urheber war Niemand als der unruhige Volkstribun **Apulejus Saturninus**. n) — Zwölf Jahre darauf, a. u. c. 664. setzte ein Volkstribun Q. Varius Hybrida ein anderes Majestätsgesetz durch, nach welchem diejenigen, welche die Bundsgenossen zum Krieg gegen die Römer reitzen würden, des Majestätsverbrechens schuldig seyn sollten. o) Beide Gesetze aber, das eine, welches für die Majestät, das andere, welches für die Sicherheit des Staats gegeben war, sind mehr Dekrete als Gesetze zu nennen.

m) Cicero de Orat. II, 25. et 49.

n) Wenigstens nach der richtigern und wahrscheinlichern Meinung. Bach hist. jur. pag. 165. §. 64.

o) Cicero pro Mil. C. 36. — Tusc. II, 24. Val. Max. III. c. 7. n. 8.

Erst Sulla kann der Urheber eines allgemeinen, mehrere Fälle in sich enthaltenden Majestätsgesetzes genannt werden. — Durch Usurpation Beherrscher des römischen Volks, und verhaßt durch die Abscheulichkeit seiner Proskriptionen, söhnte er durch viele weise Gesetze die Gerechtigkeit wieder mit sich aus. Er verbesserte die Verfassung der Gerichte, erweiterte die peinliche Gerichtsbarkeit, bändigte die Zügellosigkeit der entarteten Römer durch neue Strafgesetze nnd hat das Verdienst das Majestätsverbrechen näher bestimmt, aber auch die Schande, es mit Ungebühr erweitert zu haben. Diese Lex Cornelia war im allgemeinen gegen die gerichtet, welche die Majestät des römischen Volks verletzen würden. Die einzelnen Fälle, die es bestimmt, sind ungeheisenes Kriegführen und Anwerben der Soldaten, angestifteter Aufruhr unter den Legionen, und durch Bestechung bewirkte Befreiung der Feinde des römischen Volks. Es enthält ausser diesen noch einige andere

Fälle, welche uns **Sigonius** p) in seinem wiederhergestellten Lex Cornelia aus den Classikern zusammengestellt hat. — Die Strafe war das Exilium.

Julius Cäsar folgte seinem Vorgänger im Triumvirat, nicht sowohl in Bestimmung der Gegenstände des Hochverraths, als vielmehr in Bestimmung des rechtlichen Verfahrens bei demselben. Er verordnete in seiner L. Jul. de vi et majestate, daß dem Majestätsverbrecher die

---

p) de Judic. Lib. II. Cap. 29. — Praetor, qui ex hac lege quaeret, de eo quaerito, qui intercessionem sustulerit, aut magistratui, quo minus munere suo fungatur impedimento fuerit. Qui exercitum e provincia eduxerit, aut sua sponte bellum gesserit. Qui exercitum sollicitaverit. Qui ducibus hostium captis ignoverit. Qui potestatem suam in administrando non defenderit. Qui civis Romanus apud Regem externum versatus fuerit. Mulieris testimonium accipiatur. Calumniatoribus nulla poena sit. His damnatis aquae et ignis interdictio sit.

Provocation an das Volk nicht zu statten kommen solle. q)

Von neuem wurde der Gegenstand des Majestätsverbrechens von Octavianus Augustus durch die L. Jul. m. erweitert. Vor ihm war dieses Verbrechen nur auf Handlungen im strengsten Verstande dieses Worts beschränkt. Aber, noch des Tacitus. r) Bericht, durch verschiedene Pasquille eines gewissen Cassius Severus, gegen die vornehmsten des Reichs bewogen, dehnte er es auch auf Pasquille aus. Und hierdurch war nun der tyrannischen Willkühr der folgenden Kaiser Thor und Thür geöffnet. Handlungen und Worte und die entferntesten Beziehungen konnten nun mit despotischer Härte bestraft werden, und wir dürfen uns unter Voraussetzung dieses Gesetzes nicht verwundern, wenn ein Cremu-

q) Cic. Phil. I, 9.

r) Ann. I. 72.

tius Cordus deswegen des Majestätsverbrechens angeklagt wurde, weil er den
Cassius den letzten Römer genannt
hatte. s) — Allein es bedurfte dieser
Verordnung des Augusts nicht. — Rom
wäre auch ohne sie ein Spielball der Tyrannen und das Majestätsgesetz die Larve
ihrer Bosheit geworden.

Mit den Comitien — dem letzten Hauch
der sterbenden Freiheit — war auch alle
Persönlichkeit der Nation auf den Regenten übergegangen. t) Der Staat verlor
sich ganz in ihm; der Wille der bürgerlichen Gesellschaft in der Willkühr ihres Tyrannen. — Der Regent wurde der Staat
— und die bürgerliche Gesellschaft nichts.
Daher veränderte sich nun die Majestät
des Volks in Majestät des Kaisers und Beleidigung des Regenten,

s) Tacit. Ann. L. IV. C. 34.

t) Dies geschah unter Tiberius, der, wie
Tacitus sagt, comitia e campo in se-
natum transtulit.

oder was für eine solche von seinem Eigenwillen und seiner Bosheit erklärt worden war; hieß nun Majeſtätsverbrechen, Beleidigung der bürgerlichen Geſellſchaft ſelbſt. Die Kaiſer wußten keine Grenzen dieſes Verbrechens, weil ſie keine Grenzen für ihre Habſucht und ihren Blutdurſt und ihre Unterthanen keine Grenzen in ihrem ſklaviſchen Gehorſam kannten. Wer zufälliger Weiſe eine Statue des Kaiſers geworfen, oder eine Bildſäule deſſelben eingeſchmolzen, oder einen Ring, auf dem ſich des Kaiſers Bild befand, in ein Bordell mitgenommen hatte; der wurde jetzt mit größerer Härte beſtraft, als wenn er unter der freien Republik, dem Feind Armeen verrathen hätte. u) Die Strafe war willkührlich, und beſtand zu Zeiten des

---

u) Hoc genus calumniae eo processit, ut haec quoque capitalia essent, circa Augusti simulacrum servum cecidisse, vestimenta mutasse, nummo vel annulo effigiem impressam latrinae aut lupanari intulisse. Sueton Tiber. C. 58.

Paullus x) im Zerreissen von wilden Thieren, oder lebendig Verbrennen, bei Geringern; in der einfachen Todesstrafe bei Vornehmen.

In diese Periode der Kaiser fällt zugleich die Absonderung des criminis perduellionis und des criminis laesae majestatis, von welchen dieses in das Verbrechen gegen die Ehre des Regenten (majestatem principis), jenes aber in das Verbrechen gegen die Existens des Staats oder des Regenten gesetzt wurde. Die Natur der Sache machte diese Unterscheidung nothwendig. Unter welchem Kaiser sie aber zuerst ihren Anfang genommen, dürfte wohl nicht mit Gewißheit zu behaupten seyn. Gundling. y) setzt ihren Anfang in die Zeiten des August und Tiberius; allein wie ich glaube ohne

x) Recept. sent. I, 291. Nunc humiliores bestiis objiciuntur, vel vivi exuruntur; honestiores capite puniuntur.

y) in Diss. de lege majetatis.

gehörigen Grund. Tacitus z) erzählt zwar, daß eine gewisse Albucilla unter der Regierung des Tiberius impietatis in principem angeklagt worden sey: und es ist zu vermuthen, daß er hierunter das crimen laesae majestatis, unter dem crimen majestatis hingegen, das crimen perduellionis verstanden habe. Allein da er sich nirgends über die impietas in principem ausdrücklich erklärt, so beruht alles nur auf der Vermuthung, die wir, wenn wir ehrlich seyn wollen, nicht zur Gewißheit machen dürfen.

Die Verderbtheit des römischen Volks, das in Licenz und thierische Weichlichkeit versunken war, die namenlose Verschwendung der römischen Kaiser und ihre tyrannische Wuth, mit der sie die wenigen Rechtschaffenen verfolgten und die Verderbtesten bis zum Throne erhoben; endlich die Ausgelassenheit der römischen Prätorianer, die gewohnt mit dem Schicksale des römischen Reichs zu spielen und an den Meist-

z) Ann. VI, 47.

biethenden zu verkaufen, das Joch der Kriegszucht schon lange abgeschüttelt hatten: alles dies brachte den römischen Staat immer mehr an den Rand des Untergangs. Das kaiserliche Ansehen war endlich ganz gesunken und verächtlich geworden; die Zügel des Reichs erschlafft; die guten Sitten, die Stützen der Staaten, verschwunden. An den Grenzen des Reichs und in seinem Innern drohten die Barbaren, und unter den Bürgern wütheten die Verbrechen. Was Wunder, daß nun der wirkliche Hochverrath eben so häufig wurde, als es sonst die Strafen desselben waren, wo oft keiner vorhanden war? und was Wunder daß nun die härtesten, blutigsten Strafen ersonnen werden mußten, um das Uebel, das jetzt nicht mehr geheilt werden konnte, wenigstens in seinem Strohme aufzuhalten? Daraus haben wir uns das Daseyn des Majestätsgesetzes von Arkadius und Honorius zu erklären, über dessen Rechtmäßigkeit die Philosophen gestritten haben, über dessen Grausamkeit aber nur eine Stimme ist. Es bestraft jeden der sich gegen das Leben des Kaisers oder dessen Minister verschwört, mit dem Rad, zieht ihm sein ganzes Vermögen ein, verflucht sein Andenken, und straft seine Kinder mit Infamie und ewiger Schande.

Dieses Gesetz scheint mir aber, wenigstens was die Strafe des Hochverräthers selbst betrifft, nicht immer beobachtet worden zu seyn. Ich glaube vielmehr, daß die Strafe des Hochverraths in dem Oriente zuletzt nur willkührlich war und bald mit Landesverweisung und Einziehung der Güther, bald mit Beraubung der Augen, bald aber mit einer andern Strafe belegt worden ist. Dies erhellet wenigstens aus den Denkwürdigkeiten der Anna Comnena. Es hatten sich einige Vornehme gegen das Leben des Kaisers ihres Vaters, des Alexius Comnenes verschworen, und hätten ihre That beinahe wirklich ausgeführt. Zur Strafe wurden mehrere, mit Einziehung ihrer Güter, des Landes verwiesen und zwei an-

dere die Gebrüder Anemas, wurden fol,
gendermaßen gestraft. „Ihr Haupthaar,
so erzählt Anna Comnena a) sollte
ihnen glatt abgeschoren, ihr Bart ausge,
rauft, sie selbst auf den Markt geführt,
und sodann ihrer Augen beraubt wer,
den. Diesem Befehle zu folge legte man
ihnen einen Sack an, schlang um ihren
Kopf Ochsen, und Schaafdärme, setzte sie
rücklings auf einen Ochsen, und führte sie
so auf dem Schloßplatz umher. Gerichts,
diener, mit Stäben in der Hand, tanzten
vor ihnen her, und sangen in der Volks,
sprache ein Spottgedicht, das ganz zu die,
sem lächerlichen Aufzug paßte. Es ent,
hielt eine Aufforderung, die hörnergekrön,
ten Häupter zu schauen, die ihre Schwer,
ter gegen den Kaiser gezückt hatten." b)

a) In den Denkwürdigkeiten aus
dem Leben des Alexius Comne-
nas. Buch XII. — in Schillers Me-
moires. Abth. I. Bd. II. p. 16.

b) Läßt sich wohl eine unschicklichere und
zwecklosere Strafe, als die gegenwärtige
erdenken? — Man sieht wohl, das heilige

Ich wende mich nun zu der Erzählung der deutschen Gesetzgebung über dieses Verbrechen. Diese gewährt aber eine so geringe Ausbeute, daß wir uns nur kurz bei derselben verweilen dürfen.

So wie alle Gesetzgebung über den Gegenstand dieses Verbrechens in unausgebildeten Staaten unbestimmt ist, eben so war sie es bei den alten Franken und Deutschen. Untreue gegen den König, seine oder der Herzöge Ermordung und Einführung fremder Truppen und Völker in die Provinz, diese Fälle waren es welche für Hochverrath geachtet und als solcher geahndet wurden. c) Die Strafe war Todesstrafe, nebst Confiscation der Güter und bei den Franken wurden sogar die Kinder des Hochverräthers, so wie in der römischen Gesetzgebung, für ehr- und erblos erklärt.

> Reich ist damals kindisch geworden. —
> Es fieng an zu spielen.

c) Lex Ripuar. C. LIX. — Lex Saxon. C. XI. — Lex Bojoar. Tit. II. c. I. — Lex Alamann. C. XXIV. et XXV.

Dies waren die wichtigsten Bestimmungen über dieses Verbrechen bis auf die Einführung des römischen Rechts, wo das Gesetz des Arkadius in seinem ganzen Umfang angenommen wurde. Carl IV erwarb sich darum das Verdienst, es abgeschrieben und besonders auf die Churfürsten angewendet zu haben. Seinem Nachfolger in der Gesetzgebung über den Hochverrath, Carl V war die verordnete Strafe noch nicht grausam genug und er hielt es für rathsam sie zu erhöhen. Er bestimmte daher für den Verräther die Viertheilung; für die Verrätherin das Säcken als ordentliche Strafe. Als ausserordentliche erhöhte Strafe aber das Viertheilen mit vorhergehenden Schleifen zur Gerichtsstätte oder Reißen mit glühenden Zangen; als ausserordentliche gemilderte Strafe hingegen, die Enthauptung und hierauf erfolgter Viertheilung. d)

d) CCC. art. 124 ibique interpretes.

Fehler

welche wegen Entfernung des Druckorts sich eingeschlichen haben.

pag. 6 Z. 3 nach: **uns** inseratur **hier**.
— 9 — 10 statt: **dafür** ließ: **dagegen**.
— 15 — 2 st. seiner l. einer
— — — 8 st. utnovis l. utrovis.
— Note x) st. allein l. alle.
— 20 — 18 st. L. 'sin l. L. fin.
— 21 — 3 st. der l. den.
— — Note o) st. sezt l. sagt.
— 23 — 1 st. sey l. seyen.
— 27 — 1 v. u. st. verdammt l. verdammte.
— 30 — 16 st. inpratoris l. imperatoris.
— 33 — 2 st. denn l. dann.
— — — 11 st. denn l. dann.
— 38 — 4 st. denselben l. demselben.
— 43 — 5 st. ihren l. ihrem.
— 81 — 11 st. der l. einer.
— 83 — 4 st. Rad l. Schwerdt.

Die übrigen geringern Fehler wird der Leser von selbst bemerken und verbessern.